ESPÍRITU EMPRESARIAL EN LÍNEA

SERIE:

RIQUEZA PARA EL NUEVO AÑO

ESPÍRITU EMPRESARIAL EN LÍNEA

Serie " Riqueza para el nuevo año"
Por: D.K. Hawkins
Versión 1.1 ~Diciembre 2021
Publicado por D.K. Hawkins en KDP
Copyright ©2021 por D.K. Hawkins. Todos los derechos reservados.

Ninguna parte de esta publicación puede ser reproducida, distribuida o transmitida en cualquier forma o por cualquier medio, incluyendo fotocopias, grabaciones u otros métodos electrónicos o mecánicos, o por cualquier sistema de almacenamiento o recuperación de información, sin el permiso previo por escrito de los editores, excepto en el caso de citas muy breves incorporadas en reseñas críticas y algunos otros usos no comerciales permitidos por la ley de derechos de autor.

Quedan reservados todos los derechos, incluido el de reproducción total o parcial en cualquier formato.

Toda la información contenida en este libro se ha investigado cuidadosamente y se ha comprobado su exactitud. Sin embargo, el autor y el editor no garantizan, expresa o implícitamente, que la información contenida en este libro sea apropiada para cada individuo, situación o propósito y no asumen ninguna responsabilidad por errores u omisiones.

El lector asume el riesgo y la plena responsabilidad de todas sus acciones. El autor no será responsable de ninguna pérdida o daño, ya sea consecuente, incidental, especial o de otro tipo, que pueda resultar de la información presentada en este libro.

Todas las imágenes son de uso gratuito o han sido adquiridas en sitios de fotografías de stock o libres de derechos para uso comercial. Para la elaboración de este libro me he basado en mis propias observaciones y en muchas fuentes diferentes, y he hecho todo lo posible por comprobar los hechos y dar el crédito que corresponde. Si se utiliza algún material sin la debida autorización, le ruego que se ponga en contacto conmigo para corregir el error.

No part of this publication may be reproduced, distributed or transmitted in any form or by any means, including photocopying, recording or other electronic or mechanical methods, or by any information storage or retrieval system, without the prior written permission of the publishers, except in the case of very brief quotations incorporated in critical reviews and certain other non-commercial uses permitted by copyright law.

All rights are reserved, including the right of reproduction in whole or in part in any form.

All information contained in this book has been carefully researched and checked for accuracy. However, the author and publisher make no warranty, express or implied, that the information contained in this book is appropriate for any individual, situation, or purpose and assume no responsibility for errors or omissions.

The reader assumes the risk and full responsibility for all his or her actions. The author shall not be liable for any loss or damage, whether consequential, incidental, special or otherwise, which may result from the information presented in this book.

All images are either free to use or have been acquired from stock or royalty-free photo sites for commercial use. In compiling this book I have relied on my own observations and many different sources, and have made every effort to check facts and give credit where credit is due. If any material is used without proper authorization, please contact me to correct the error.

Contenido

Introducción: 7

Capítulo no.1 9

Introducción al emprendimiento en línea. 9

¿Qué es un empresario en línea?...9

¿Qué hace un empresario en línea?...................................10

Consejos para jóvenes empresarios. 10

Capítulo no.2 18

Cómo convertirse en empresario en línea. 18

Garantizar la estabilidad financiera. 19

Construir un conjunto de habilidades diversas. 19

Consumir contenidos a través de múltiples canales. ...20

Identificar un problema a resolver. 21

Resolver el problema. 21

Conéctese a la red como un loco. 22

Predicar con el ejemplo. 23

Financiación de la iniciativa empresarial. 23

Recursos para empresarios. 23

Capítulo no.3 26

Características de los empresarios en línea. 26

1. Versátil. 27
2. Flexible. 28
   3. Conocimiento del dinero. 29
   4. Resistente. 29

5. Enfocado. 30
6. Negocios Inteligentes. 30
   7. Comunicadores. 31
Cómo ayuda el espíritu empresarial a las economías. 33
Capítulo no.4 35
Cómo convertirse en empresario en línea. 35
Habilidades empresariales en línea. 38
Salario y perspectivas laborales de los emprendedores online.
....41
Capítulo no.5 42
Empresario de éxito en Internet. 42
- Entienda su "por qué " 43
- No deje su trabajo a tiempo completo... todavía. 43
2. Idea de negocio que se adapta a su estilo de vida. 44
- Aprende mientras vas. 47
- Empezar ahora. 48
- Cree un plan y cúmplalo. 49
- Haz todo lo posible por trabajar duro. 50
- No tengas miedo de experimentar con lo nuevo.
  50
- Establezca objetivos a corto plazo. 51
- No tengas miedo de decidirte a invertir. 52
- Reinvierta los beneficios de su negocio. 52
Capítulo no.6 54
Convertirse en empresario sin dinero ni experiencia. 54
Cómo convertirse en empresario. 54

4. Crear algo superior (o menos costoso) a lo que está disponible. 58

6. Empezar con una producción mínima viable (MVP). 61

7. Desarrollar una estrategia empresarial. 61

Cómo encontrar un fundador o cofundador. 64

Cómo conseguir financiación. 65

7. Puedes obtener un microcrédito. 67

Cómo constituir su empresa. 69

Los beneficios de la incorporación. 69

Las desventajas de incorporar. 70

Redes de apoyo. 73

Capítulo no.7 75

Inconvenientes y ventajas de los negocios en línea. 75

Qué es el negocio en línea? 75

Las desventajas de los negocios en línea. 80

Diferencias entre el negocio electrónico y el negocio tradicional. 83

Capítulo no.8 87

Entender el funcionamiento de un negocio en línea. 87

Crear una visión empresarial clara. 89

Crear el plan de negocio. 90

Cree la tienda que desea crear en línea. 91

Promover su negocio de lencería en línea. 93

Los riesgos del negocio electrónico. 93

Preguntas para los empresarios. 96

Conclusión: 99

Introducción:

El espíritu empresarial es el proceso de creación de una empresa. Los emprendedores suelen ser pioneros e innovadores de ideas innovadoras, soluciones de productos o procedimientos empresariales. Los empresarios son esenciales para la economía, ya que tienen la capacidad y la habilidad de anticiparse a las necesidades y aportar ideas innovadoras al mercado. Los emprendedores crean un nuevo negocio, afrontan el riesgo más importante y recogen las mayores recompensas. El empresario que consigue asumir el riesgo de crear una empresa se verá recompensado con dinero, fama, reconocimiento y la posibilidad de una expansión continua. El fracaso de un empresario puede acarrear pérdidas y una menor visibilidad en el mercado para los implicados.

- Un emprendedor crea una nueva empresa.
- Un emprendedor desarrolla una empresa para poner en práctica su idea, que agrega dinero y trabajo para producir bienes o servicios con fines de lucro.
- La actividad empresarial es de alto riesgo, pero también puede ser muy gratificante porque contribuye a la riqueza económica, el crecimiento y la innovación.
- Para los emprendedores, asegurar la financiación es fundamental: las opciones de financiación incluyen préstamos de la SBA y crowdfunding.
- La forma de su negocio determina el método de declaración y pago de impuestos de los empresarios.

El espíritu empresarial es uno de los cuatro recursos que la economía define como necesarios para la producción: tierra/recursos naturales, trabajo y capital. Para desarrollar cosas o prestar servicios, un empresario combina los tres primeros. Suele diseñar la estrategia de la empresa, contratar personal, adquirir recursos y financiación, y supervisar sus operaciones.

Las palabras "emprendedor", así como "espíritu empresarial", no han sido definidas de manera uniforme por los economistas (el término "emprendedor" deriva del verbo francés entreprendre, que significa "asumir"). Aunque la idea de emprendedor ha existido desde el principio, los economistas clásicos y neoclásicos no incluyeron a los emprendedores en sus modelos formales porque suponían que las personas perfectamente racionales tendrían toda la información, lo que no dejaba margen para asumir riesgos o descubrir. Los economistas no intentaron incluir el espíritu empresarial en sus modelos hasta aproximadamente la mitad del siglo XX. Los empresarios se incluyeron gracias a tres líderes de pensamiento: Joseph Schumpeter, Frank Knight e Israel Kirzner. En busca del beneficio, Schumpeter afirmaba que los empresarios, y no sólo las empresas, eran los responsables de inventar nuevos productos. Knight decía que eran los portadores de la incertidumbre y los responsables de los precios ajustados al riesgo en los mercados financieros. Según Kirzner, es un procedimiento que da lugar al descubrimiento.

Capítulo no.1

Introducción al emprendimiento en línea.

Emprender es una ambición intrigante para muchas personas que buscan un mayor control sobre sus carreras y más flexibilidad. A través del comercio electrónico y otros canales digitales, los avances tecnológicos han hecho más accesible este objetivo a empresas de todos los tamaños. Si está pensando en iniciar su propio negocio en línea, es una buena idea entender los pasos que deberá dar. En este artículo veremos qué es un emprendedor online, qué hace, cómo convertirse en uno y qué habilidades necesita.

¿Qué es un empresario en línea?

Un emprendedor en línea es el propietario de una empresa que opera su corporación exclusivamente en línea. Al igual que otros empresarios, suelen asumir riesgos financieros o personales para poner en marcha su propio negocio. Para vender artículos o servicios, los empresarios en línea pueden emplear diversos modelos de negocio. Estos son algunos ejemplos de emprendedores online:

- Blogueros
- Creadores de contenidos
- Propietarios de sitios de comercio electrónico
- Consultores en línea

¿Qué hace un empresario en línea?

En función de su campo de trabajo y de sus objetivos en la vida profesional, las actividades cotidianas podrían incluir:

- Responder a los correos electrónicos o escribir cartas
- Actualización del contenido del sitio web
- Escribir blogs o artículos
- Contactar con clientes actuales y potenciales
- Contactar con proveedores, como.

Consejos para jóvenes empresarios.

Algunos consejos para ayudarte a tener éxito como joven empresario:

1. **Tomar cursos de negocios.**

Haz cursos de contabilidad, economía o negocios mientras obtienes tu certificado de estudios secundarios o

GED. Estos cursos te proporcionarán una comprensión de lo esencial para comenzar tu propio negocio.

2. Investigar los programas universitarios.

Los jóvenes empresarios se benefician de tener un título universitario porque numerosos programas de licenciatura proporcionan conocimientos sustanciales sobre la creación de una empresa. La universidad también puede ofrecerte la oportunidad de realizar un estudio especializado o completar unas prácticas en un campo de interés, lo que te permitirá obtener aún más experiencia empresarial.

3. Ver los seminarios web.

Los seminarios web son una forma excelente de que los nuevos empresarios conozcan el mundo de los negocios. Los empresarios de éxito imparten con frecuencia seminarios web para ofrecer consejos y responder a preguntas sobre cómo hicieron despegar su negocio. Tome notas cuando vea los seminarios web para que pueda utilizarlos como recurso cuando cree su propia empresa.

4. Planificar la obtención de capital.

Los jóvenes empresarios suelen trabajar para recaudar fondos porque es posible que no dispongan de los fondos necesarios para poner en marcha su negocio con sus fondos. Los jóvenes empresarios pueden recaudar fondos para sus negocios de varias maneras, como organizando una recaudación de fondos, solicitando un préstamo empresarial o recibiendo una subvención empresarial.

5. Construir un presupuesto.

Dado que muchos jóvenes empresarios inician sus empresas con poco dinero en efectivo o con pequeños préstamos, debes crear un presupuesto al que puedas ceñirte. Puedes contratar a alguien que te ayude a crear un presupuesto, o puedes hacerlo tú mismo anotando tus gastos y creando un presupuesto. Cuando hagas un presupuesto, tómate el tiempo necesario para evaluar tus gastos y los tipos de interés de los préstamos.

6. **Haz el trabajo que te gusta.**

Empezar un negocio que te entusiasme puede mantenerte motivado para realizar el trabajo. Por ejemplo, si te entusiasma la sanidad, podrías crear una aplicación que ponga en contacto a las personas con los recursos y los médicos que necesitan.

7. **Cree en ti mismo.**

Como nuevo empresario, es fundamental tener fe en su empresa y pensar que tendrá éxito. Los jóvenes empresarios que tienen confianza en sí mismos están más dispuestos a correr riesgos que les ayuden a triunfar. Es fundamental transmitir confianza en ti mismo y en tu empresa cuando te reúnas con inversores y socios comerciales con más experiencia que tú, ya que esto puede ayudarte a conseguir su apoyo.

8. Crear un club de emprendedores.

Para conocer a otros jóvenes emprendedores, organiza un club de emprendedores en tu escuela. Puedes planificar actividades para enseñar habilidades de gestión empresarial, invitar a conferenciantes para que impartan charlas sobre el espíritu empresarial o hacer una lluvia de ideas para nuevas empresas.

9. Establecer una red de contactos con otros jóvenes empresarios.

Establecer una red de contactos con otros jóvenes empresarios puede ayudarte a establecer relaciones con tu empresa y a acceder a más oportunidades. Haz un esfuerzo por relacionarte con el mayor número posible de jóvenes empresarios para aumentar tus posibilidades de éxito. Únase a organizaciones y utilice las plataformas de redes sociales para relacionarse con otros empresarios del mismo grupo de edad.

10. Investigar plazos realistas de crecimiento.

Es fundamental tener una noción realista del tiempo que necesitará para ampliar su empresa. Poner en marcha un negocio puede llevar desde unos meses hasta varios años, dependiendo del sector. Para entender mejor el calendario de crecimiento de su empresa, investigue para ver cuánto tiempo duraron las trayectorias de crecimiento de empresas similares.

11. Imagina el negocio de tus sueños.

Considere el mensaje que quiere enviar, la escala de su empresa y los beneficios que puede proporcionar a los individuos. Imaginar su empresa ideal puede ayudarle a determinar sus objetivos a corto y largo plazo. Si la empresa de sus sueños emplea a más de 100 personas, por ejemplo, puede fijar como objetivo a corto plazo la contratación de diez empleados en los dos primeros años para lograr su objetivo a largo plazo de contratar a más.

12. Piensa en tu estilo de vida ideal.

A la hora de establecer un negocio como joven empresario, es fundamental tener en cuenta su estilo de vida ideal. Ten en cuenta las decisiones vitales importantes que pueden afectar a tu negocio, como dónde quieres vivir, cuánto dinero quieres ganar y si quieres formar una familia o no.

13. Confiar en el proceso.

Puede que esté deseando que su empresa aumente como nuevo empresario. Sin embargo, tenga en cuenta que el lanzamiento de un negocio es un proceso de varios pasos, y encontrar dinero, conseguir clientes y comercializar su empresa puede llevar meses. Durante el proceso de crecimiento, puedes utilizar cualquier tiempo libre para centrarte en tus objetivos y asegurarte de que todo funciona correctamente.

14. Redactar un plan a 10 años.

Redactar un plan a 10 años le permite visualizar sus objetivos y definir los pasos de acción que le ayudarán a hacer crecer su negocio y ver lo que puede hacer ahora para que su empresa prospere en el futuro. Siéntese y escriba dónde quiere que esté su empresa dentro de diez años y, a continuación, establezca los pasos para llegar a ese punto.

15. Tómate tu tiempo.

Dado que el desarrollo de un negocio suele llevar mucho tiempo, debe tomarse su tiempo y no precipitarse en el proceso. Tomarse su tiempo puede ayudarle a evitar cometer errores costosos y sentirse estresado.

16. Construir un equipo fuerte.

Es fundamental rodearse de un equipo sólido de especialistas que compartan su entusiasmo y determinación. Rodearse de un grupo de personas que compartan tus objetivos puede ayudarte a ser más productivo y crear un ambiente de trabajo más positivo. Pueden desempeñar diversas funciones, como asesores financieros que gestionen las finanzas de su empresa o asesores de marketing que se encarguen de la comercialización de la misma.

17. Aprender de los errores.

Es natural que un nuevo empresario cometa errores al establecer un negocio. En lugar de desanimarte por tus errores, intenta verlos como una oportunidad de aprendizaje. Recuerda la causa del error para no volver a cometerlo.

18. Entrevistar a los propietarios de las empresas.

Otros empresarios pueden proporcionarle consejos útiles para crear su propia empresa. Los propietarios de negocios con experiencia pueden ofrecer anécdotas sobre sus experiencias al iniciar una empresa, revelar los errores que han cometido, explicar sus objetivos y demostrar las acciones que siguieron para que su empresa tuviera éxito.

19. Pide seguir a un empresario.

Observar cómo funciona una empresa y cómo actúa un empresario a diario es posible cuando se acompaña a un empresario. Pueden demostrar cómo se comunican con sus compañeros de trabajo, cómo colaboran eficazmente con sus socios comerciales o qué habilidades emplean para trabajar eficazmente.

20. Iniciar una microempresa.

Una microempresa es una empresa con menos de diez personas que cuenta con menos recursos para ponerse en marcha. Crear una microempresa puede beneficiar a los jóvenes empresarios, ya que les permite dominar la creación de una empresa a menor escala.

21. Participar en concursos.

Participar en concursos de jóvenes empresarios aumenta tu confianza y te permite demostrar tus habilidades al mundo comercial. Podrás exponer tus ideas de negocio mientras te relacionas con otros jóvenes empresarios. Los concursos pueden ofrecer recompensas económicas, que puedes destinar a tu negocio, o incentivos educativos, como becas. Busca en Internet concursos para jóvenes emprendedores y descubre si alguno se adapta a ti.

22. Sigue desafiándote a ti mismo.

Como nuevo empresario, es fundamental que te mantengas motivado para seguir creciendo y aprendiendo. Si eres estudiante, esfuérzate por matricularte en clases avanzadas. Si estás trabajando en tu empresa, busca herramientas educativas adicionales, como libros y podcasts, que te ayuden a tener nuevas ideas.

Capítulo no.2

Cómo convertirse en empresario en línea.

Mucha gente se siente cautivada por la idea de ser emprendedor en el siglo XXI gracias a empresas de Internet como Alphabet, que antes era Google (GOOG), así como Meta (FB), que antes era Facebook y Meta (FB), cada una de las cuales ha ayudado a sus fundadores a hacerse extremadamente ricos. A diferencia de las profesiones establecidas, en las que suele haber una ruta específica a seguir, mucha gente encuentra el camino para ser empresario un poco confuso. Lo que funciona para el dueño de una empresa puede no ser adecuado para uno y viceversa. Pero la mayoría de los empresarios de éxito en Internet han seguido estos siete pasos básicos:

Garantizar la estabilidad financiera.

No es un paso inicial obligatorio, pero es muy recomendable. Mientras que algunos emprendedores en línea han creado empresas de éxito con un presupuesto muy reducido, el fundador de Facebook, ahora Meta, Mark Zuckerberg, comenzó con un efectivo suficiente. También se aseguró de tener una financiación continua que sólo puede beneficiar a un aspirante a empresario. Esto ayudará a darles más tiempo para centrarse en la construcción de un negocio exitoso, mientras que por otro lado, no tienen que preocuparse de hacer dinero rápido.

Construir un conjunto de habilidades diversas.

Una vez que las finanzas de una persona se han establecido de forma segura, es fundamental desarrollar varios talentos. A continuación, hay que poner en práctica esas habilidades y talentos en el mundo real. El segundo paso y el primero pueden completarse juntos para que sean más beneficiosos. Aprender y hacer cosas nuevas en circunstancias del mundo real le ayudará a desarrollar su conjunto de habilidades particulares. Si un ambicioso emprendedor online tiene formación en finanzas, por ejemplo, puede entrar en una función de ventas en su empresa actual para adquirir las habilidades blandas necesarias para tener éxito. Cuando los emprendedores online desarrollan un conjunto de habilidades variadas, tienen un conjunto de herramientas al que recurrir cuando se enfrentan a situaciones difíciles. A veces, la universidad es necesaria para convertirse en un empresario de éxito y otras veces no. Algunos ejemplos de quienes decidieron no ir a la universidad y aun así se convirtieron en empresarios de éxito son Bill Gates, Larry Ellison, Mark Zuckerberg y Steve Jobs.

Asistir a la universidad (y pagarla) no es necesario para iniciar un negocio de éxito, sino que puede educar a los jóvenes sobre el mundo de diversas maneras. Los famosos desertores universitarios mencionados anteriormente son la excepción, no la regla. Aun así, la universidad puede no ser para todo el mundo teniendo en cuenta el elevado coste de la educación en Estados Unidos. No es cierto que se requiera una licenciatura en cualquier tipo de negocio antes de poder iniciar su propia empresa.Las personas que han tenido empresas de éxito se han especializado en diversas áreas (incluso en psicología), y hacerlo puede abrirle los ojos que pueden ayudarle en la creación de su empresa.

Consumir contenidos a través de múltiples canales.

La necesidad de absorber contenidos variados es un área vital que hay que conocer al igual que el desarrollo de un conjunto de habilidades diversas. Para consumir contenidos, los libros, los artículos y los podcasts son todos excelentes puntos de venta. La cuestión es que la información que se consume debe abarcar varios temas, independientemente de dónde se obtenga. Los aspirantes a empresarios deben familiarizarse constantemente con el mundo que les rodea. Estar siempre mirando a diferentes sectores desde nuevos puntos de vista. Esto les permitirá establecer un negocio en torno a áreas diferentes y específicas.

Identificar un problema a resolver.

Un ambicioso emprendedor en línea puede identificar una variedad de problemas para resolver observando y aprendiendo del contenido en muchas áreas de los medios de comunicación. Mucha gente piensa que, para tener éxito, su servicio o producto debe abordar algo específico y ayudar a otra empresa o cliente a resolverlo. Un empresario ambicioso verá la necesidad y desarrollará su empresa en torno al problema que ha identificado. Los pasos tres y cuatro deben hacerse juntos para solucionar el problema tomando otras industrias y mirándolo desde fuera. Esto permitirá a un ambicioso empresario en línea detectar problemas que otros pueden pasar por alto.

Resolver el problema.

Las startups de éxito siempre abordan un problema específico que ayudará a otras empresas o al público en general. Es lo que se conoce como "aportar valor al problema". La única manera de que un emprendedor tenga éxito es que pueda aportar valor a un problema específico. Digamos que ve que programar una cita con el médico o el dentista es difícil para los pacientes. Debido a ello, están perdiendo negocio. Para solucionarlo, crea un sistema de citas online que facilite al paciente la reserva de citas.

Conéctese a la red como un loco.

La mayoría de los empresarios en línea no pueden tener éxito por sí solos. El mundo de los negocios es muy competitivo. Toda la ayuda que puedas obtener de la red de contactos siempre te beneficiará. Para cualquier nuevo empresario, establecer una red de contactos es vital y esencial para su negocio. Conocer a las personas adecuadas que luego pueden ponerte en contacto con otras personas del sector, como proveedores, financiadores e incluso mentores, puede suponer la diferencia entre tu éxito y tu fracaso. Además, asistir a conferencias, enviar correos electrónicos y ponerse en contacto con contactos del sector, y reunirse con el hermano de un amigo de tu primo que trabaja en un campo relacionado puede ayudarte a salir al mundo y conocer a personas que pueden ayudarte. Una vez que hayas puesto el pie en la puerta, las personas adecuadas te ayudarán a dirigir tu negocio mucho más rápido.

Predicar con el ejemplo.

Para que tengas éxito como gran empresario debes ser primero un gran líder. Llevar a cabo las tareas cotidianas de tu negocio por ti mismo no te llevará al éxito. Un líder debe trabajar siempre duro y, a continuación, motivar e inspirar a sus empleados para que alcancen todo su potencial. Esto conducirá al éxito de la empresa. En las organizaciones más exitosas hay grandes ejecutivos. Por ejemplo; Steve Jobs y Apple, Disney tenía a Bob Igor, y Bill Gates estaba con Microsoft. Tome notas de individuos exitosos con empresas exitosas. Lee los libros que se escriben sobre ellos, estudia sus discursos. Haciendo esto puedes aprender lo que hacen para ser un gran líder y así mostrar a tu personal el gran líder que eres.

Financiación de la iniciativa empresarial.

Con cualquier nueva empresa, los empresarios encontrarán que la financiación de capital podría ser difícil de calificar. Muchos emprendedores comenzarán su empresa utilizando su propio dinero, haciendo su propio trabajo para reducir el coste de la mano de obra, tendrán muy poca mano de obra y tendrán en cuenta las cuentas por cobrar. Algunos empresarios trabajarán por su cuenta para poner en marcha su negocio. Otros emprendedores trabajarán con pequeñas empresas establecidas que puedan generar el dinero y los recursos que necesitarán. Las nuevas empresas que buscan financiación pueden recurrir a un inversor ángel, a la financiación colectiva, a inversores de capital riesgo o a fondos de cobertura.

Recursos para empresarios.

Hay buenas noticias. Existen diferentes opciones de financiación para los empresarios que están empezando. La

Administración de Pequeñas Empresas (SBA) puede ayudar a los empresarios a poner en marcha sus negocios con un préstamo empresarial a bajo interés. La Administración de la Pequeña Empresa (SBA) ayuda a las empresas a encontrar proveedores de préstamos para ayudarles a.

Un empresario que renuncie a una parte del capital de su empresa puede conseguir una financiación más rápida de un capitalista de riesgo o un inversor ángel. Si bien estas personas pueden dar dinero, pueden incluir algo igual de valioso, como contactos, consejos y asesoramiento para los nuevos empresarios. El crowdfunding se ha convertido en una herramienta muy popular para que los jóvenes empresarios consigan los fondos que buscan. Un emprendedor establece una página para su producto con un objetivo monetario a alcanzar. Una vez que se ha logrado, hay recompensas para quien ha dado el dinero. Esto puede ser para el producto real a una experiencia real.

Bootstrapping para emprendedores.

Bootstrapping es un término utilizado para describir el proceso en el que se pone en marcha un negocio utilizando completamente su propio dinero y los ingresos de sus primeras ventas. Es un reto porque el empresario asume todos los riesgos financieros y tiene una tolerancia mínima al error. Con el bootstrapping puedes dirigir el negocio según tu visión. Además, no tienes ningún inversor que quiera obtener beneficios rápidos de ti a cambio de su dinero. Sin embargo, contar con el apoyo del exterior a veces puede ser más beneficioso que perjudicial. El bootstrapping se puede hacer, pero será un reto.

Capítulo no.3

Características de los empresarios en línea.

¿Qué más tienen en común los empresarios de éxito? En su mayor parte, los empresarios son personas muy trabajadoras que profundizan en áreas que les interesan por naturaleza. La pasión es, sin duda, el componente más vital que deben tener los empresarios principiantes, y toda ventaja ayuda. Aunque a todo el mundo le gusta la idea de convertirse en su propio jefe, con el atractivo de hacer una fortuna, los posibles contratiempos de montar su propia tienda son numerosos. Los ingresos nunca están garantizados, los beneficios patrocinados por el empleador no siempre están disponibles y, cuando su empresa pierde dinero, su patrimonio personal puede verse afectado, no sólo los resultados de la empresa. Sin embargo, si sigue unas cuantas pautas, puede contribuir en gran medida a reducir el riesgo. Un empresario de Internet con éxito debe poseer los siguientes atributos.

1. Versátil.

Al comenzar su andadura, es fundamental gestionar todas las interacciones con los clientes, incluidas las ventas, de la forma más personal posible. La interacción directa con los clientes es la forma más directa de obtener información honesta sobre las cosas que más interesan a su mercado y cómo puede mejorar. Si no es posible tener una sola interfaz con el cliente, los empresarios deben formar al personal para que pida opiniones a los clientes de forma rutinaria. Esto no sólo anima a los clientes, sino que es más probable que recomienden sus negocios a otras personas. Una de las ventajas más significativas de las que disfrutan los empresarios a domicilio frente a sus homólogos de mayor tamaño es la posibilidad de responder a las llamadas telefónicas personalmente. El mero hecho de escuchar una voz humana es una forma de atraer a sus nuevos clientes y de hacer que sus clientes actuales se sientan apreciados en esta época de retroceso de la alta tecnología. Los clientes pueden sentirse frustrados con las respuestas automáticas y los menús táctiles, así que con un toque personal ya se los ha ganado. Este es un hecho importante, dado que los clientes que repiten representan aproximadamente el 80% de todos los negocios. Los clientes esperan un sitio web muy pulido, aunque aprecian más un servicio telefónico de alto nivel. Si no está en el sector de la alta tecnología, los empresarios en línea deben ser capaces de utilizar Internet para comunicar su mensaje a sus clientes actuales y potenciales. Un sitio web creado por su vecino de al lado puede ser muy superior a uno creado por una empresa de marketing de 100 millones de dólares. Sólo tiene que comprobar y sentirse seguro de que una persona viva responderá al número de teléfono que aparece.

2. Flexible.

Sin embargo, las ideas evolucionan. Encontrar el punto óptimo requiere un proceso de prueba y error, tanto si se trata de perfeccionar el diseño de un producto como de modificar los elementos del menú. El antiguo presidente y consejero delegado de Starbucks, Howard Schultz, creyó primero que poner canciones de ópera italiana en los altavoces de la tienda mejoraría la experiencia de una cafetería italiana que intentaba recrear. Sin embargo, los clientes tenían una opinión diferente y no apreciaban las óperas mientras tomaban un espresso. Al final, Schultz eliminó la ópera y la sustituyó por sillas cómodas.

3. Conocimiento del dinero.

El ingrediente vital de una nueva empresa rentable es el flujo de caja constante. Es esencial para comprar artículos, alquilar, arrendar, reparar el equipo y para la comercialización. La única manera de mantenerse financieramente sano es llevar un registro financiero preciso de los gastos e ingresos. Dado que la mayoría de los nuevos negocios no obtienen beneficios durante el primer año, tener reservas de efectivo para imprevistos puede ayudar a los empresarios a evitar quedarse sin dinero. Por supuesto, es esencial asegurarse de obtener unos ingresos modestos que cubran las necesidades básicas, pero no es suficiente. Esto es especialmente cierto cuando se trata de invertir. Por supuesto, hacer tales sacrificios podría tensar las relaciones con los miembros de la familia, que podrían estar adaptándose a una vida menos cómoda y temer que el patrimonio familiar se arruine. Al final, las empresas deben discutir los problemas y asegurarse de que los miembros de la familia aceptan los cambios espiritualmente.

4. Resistente.

Dirigir un negocio puede ser extremadamente difícil, sobre todo cuando se trata de una nueva empresa que parte de cero. Requiere una gran cantidad y un fuerte compromiso, dedicación y también fracaso. Los empresarios de éxito serán capaces de aguantar a pesar de las adversidades. Tienen que seguir avanzando a pesar del rechazo o el fracaso. Crear una empresa es un proceso que tiene una curva de aprendizaje que no es fácil, sobre todo cuando lo que está en juego es lo financiero. Si desea tener éxito y triunfar, nunca debe abandonar sus objetivos a pesar de las probabilidades.

5. Enfocado.

Como persona fuerte, un excelente líder debe mantenerse centrado y alejado del ruido y las incertidumbres que acompañan a la gestión de una empresa. Es una receta para el fracaso dejarse llevar por sus pensamientos, dudar de sus intuiciones o ideas y perderse en el objetivo mayor. Un empresario de éxito no debe olvidar por qué empezó su negocio y mantenerse centrado en completar la tarea.

6. Negocios Inteligentes.

Cuando uno empieza y dirige su propio negocio, debe saber cómo manejar el dinero y entender los estados financieros. Una parte crítica de tu empresa es saber entender los ingresos, los costes y lo que puedes hacer personalmente para aumentarlos o disminuirlos. Al asegurarse de que no se queda sin dinero, le ayudará a mantener la empresa a flote durante más tiempo hasta que pueda encontrar a las personas adecuadas para gestionar esto. Aplicar una estrategia empresarial sólida que reconozca su mercado objetivo, sus rivales, así como sus puntos fuertes y sus limitaciones, le ayudará a navegar por el difícil entorno de la gestión de una empresa.

7. **Comunicadores.**

La comunicación eficaz es fundamental en casi todos los aspectos de la vida personal y profesional. La comunicación eficaz también es fundamental en el funcionamiento de su empresa. La comunicación exitosa es necesaria para todo en su empresa, desde la presentación de sus ideas y estrategias a los posibles inversores, hasta compartir su plan de negocios con sus empleados, y la negociación de contratos con los proveedores.

4 Tipos de emprendimiento.

Existen varios tipos de emprendedores y varios tipos de empresas que ponen en marcha. A continuación se enumeran las principales categorías de empresarios.

El espíritu empresarial en las pequeñas empresas.

La iniciativa empresarial a pequeña escala se refiere a la noción de iniciar un nuevo negocio sin transformarse en una empresa importante o establecer múltiples franquicias. El espíritu empresarial de las pequeñas empresas puede incluir un restaurante de una sola ubicación, una tienda o incluso una tienda minorista en la que se vendan productos hechos a mano. Suelen invertir sus fondos en su empresa y prosperan si ésta genera ingresos y se gana la vida. No cuentan con inversores externos y sólo aceptan préstamos para ayudar a mantener el negocio.

Puesta en marcha escalable.

Piense en Silicon Valley como un ejemplo de empresa que comenzó con un concepto novedoso. El objetivo es crear un artículo o servicio que pueda ayudar a la empresa a crecer y escalar con el tiempo. Las empresas suelen necesitar inversores y grandes cantidades de dinero para desarrollar su modelo de negocio y expandirse a nuevos mercados.

Una gran empresa.

Una gran empresa es la creación de un nuevo segmento de negocio dentro de una empresa existente. La empresa actual puede estar bien posicionada para expandirse a otras industrias o involucrarse en nuevas tecnologías. Los directores generales de estas empresas imaginan un nuevo mercado o desarrollan ideas para que la alta dirección comience el proceso.

Emprendimiento social.

El objetivo del empresariado social es ayudar a la humanidad y a la sociedad en general. Los productos y servicios ofrecidos están diseñados para ayudar a los miembros de la comunidad o proteger el planeta. Les mueve el deseo de ayudar al mundo en el que viven más que el deseo de ganar dinero.

La economía y los empresarios.

Según los economistas, en una economía capitalista, el empresario actúa como agente coordinador. Esta coordinación se manifiesta en la reasignación de recursos a nuevas oportunidades de beneficio. El empresario mueve tanto los recursos esenciales como los intangibles para promover la formación de capital. En Estados Unidos hay 32,5 millones de pequeñas empresas en 2021. En un mercado plagado de incertidumbres, el empresario es quien toma decisiones o asume riesgos. Los empresarios fomentan el descubrimiento eficiente y divulgan continuamente el conocimiento hasta el punto de que el capitalismo es un sistema dinámico de pérdidas y ganancias. Las empresas establecidas se enfrentan a una creciente rivalidad y a los desafíos de los empresarios, lo que les motiva frecuentemente a invertir en I+D. En palabras económicas, el emprendedor da un vuelco al equilibrio del sistema.

Cómo ayuda el espíritu empresarial a las economías.

El fomento del espíritu empresarial puede beneficiar a la economía y a la sociedad de diversas maneras. Los empresarios, para empezar, lanzan nuevas empresas. Crean puestos de trabajo al inventar bienes y servicios, y a menudo provocan un efecto dominó que conduce a un desarrollo aún más importante. Tras la creación de empresas de tecnología de la información en la India durante la década de 1990, empezaron a surgir empresas de sectores relacionados, como proveedores de hardware y de operaciones de centros de llamadas, con asistencia y productos. Los empresarios son una parte importante del PIB del país.

Las empresas existentes pueden limitarse a sus mercados actuales y acabar alcanzando un techo de ingresos. Por otra parte, los nuevos artículos o la tecnología producen nuevos mercados y dinero. El aumento del empleo y de los ingresos puede aumentar la base fiscal de un país, lo que permite al gobierno gastar más en iniciativas públicas. Los empresarios son los responsables de provocar el cambio social. Desafían las convenciones con creaciones únicas que minimizan la dependencia de los métodos y sistemas establecidos, haciéndolos obsoletos en algunos casos. Los teléfonos inteligentes y sus aplicaciones, por ejemplo, han cambiado la forma de trabajar y jugar en todo el mundo. Los empresarios promueven causas distintas a las suyas invirtiendo en proyectos comunitarios y ayudando a organizaciones benéficas y sin ánimo de lucro. Bill Gates, por ejemplo, ha donado gran parte de su fortuna a causas educativas y de salud pública.

Capítulo no.4

Cómo convertirse en empresario en línea.

Los siguientes son los pasos para convertirse en un empresario en línea:

1. **Encontrar un nicho de mercado.**

Normalmente, las nuevas empresas comienzan identificando un problema e ideando una solución a ese problema. Considere qué sectores se corresponden con su base de conocimientos, conjunto de habilidades y aficiones si está pensando en lanzar un negocio en Internet. Encontrar una especialización empresarial que se adapte a tus puntos fuertes te ayudará a mantener la motivación y a poner en práctica tus habilidades y conocimientos previos.

2. **Realización del estudio.**

Los propietarios de negocios en línea deben dedicar tiempo a conocer su sector y las herramientas a las que pueden acceder. Esto puede suponer investigar:

- Plataformas de medios sociales
- Desarrollo y gestión de sitios web
- Publicidad digital
- Software de comercio electrónico

Hablar con otros empresarios sobre sus productos favoritos, plataformas preferidas, triunfos y obstáculos también puede ser beneficioso.

3. **Inscribirse en las clases.**

Muchas escuelas y universidades ofrecen cursos de emprendimiento tanto presenciales como en línea. También puedes buscar certificaciones de emprendedor en Internet. Para los posibles inversores, estas credenciales pueden dar credibilidad a tu proyecto.

4. **Hacer una estrategia empresarial.**

Muchos emprendedores en línea deben comunicar su idea a una variedad de personas, incluyendo:

- Otros empresarios
- Amigos y familiares
- Asesores financieros.
- Inversores

Un buen plan de negocio organiza y profesionaliza tus investigaciones, planes y objetivos para que los lectores puedan conocer mejor tus ambiciones a largo plazo. Las secciones de una estrategia empresarial son las siguientes:

- Resumen ejecutivo
- Descripción de la empresa

- Análisis del mercado
- Análisis de la competencia
- Estructura organizativa
- Descripción de los productos o servicios
- Plan de marketing
- Estrategia de ventas
- Solicitud de financiación
- Proyecciones financieras.

5. **Red.**

Estar conectado con otros expertos en su campo y en el mundo de los negocios digitales le permitirá difundir su negocio a las personas adecuadas. También es posible conectar con posibles socios estratégicos y proveedores de servicios para su empresa. Puede establecer una red de contactos mediante;

- Relacionarse con empresas o personas en las redes sociales
- Asistir a eventos profesionales, como conferencias y talleres
- Unirse a grupos profesionales y recreativos.

6. **Anuncie su negocio.**

Cree una campaña publicitaria para notificar a los clientes potenciales sobre su empresa una vez que esté listo para lanzarla. Puedes pensar en utilizar las siguientes herramientas:

- Anuncios digitales
- Anuncios en redes sociales

- Campañas de correo electrónico.

Asegúrese de dirigir sus anuncios a su mercado designado para sacar el máximo provecho de su inversión en marketing. Por ejemplo, si tiene una tienda online que sólo acepta pedidos para recoger, sus anuncios deben dirigirse a los clientes de su barrio.

Habilidades empresariales en línea.

Los emprendedores online de éxito suelen tener las siguientes habilidades:

Conocimientos de marketing digital.

Una marca personal sólida, que puedes crear a través del marketing digital, es esencial para el emprendimiento en línea. Dado que la mayoría de los empresarios trabajan con un presupuesto reducido, es fundamental aprovechar las habilidades de marketing digital para dar a conocer la marca y producir clientes potenciales con un presupuesto reducido. Determine los puntos de venta únicos de su empresa en comparación con sus competidores y concentre sus esfuerzos de marketing en ellos. Al iniciar un negocio en línea, la coherencia es crucial. Debe publicar con frecuencia e interactuar con sus seguidores y otras marcas en las redes sociales. Los siguientes son ejemplos de marketing digital:

- sitios web
- Blogs
- Canales de vídeo digital
- Correos electrónicos.

Optimización de los motores de búsqueda.

La optimización para motores de búsqueda (SEO) es una expresión que describe las estrategias que ayudan a su sitio web a obtener una mejor clasificación en las páginas de resultados de búsqueda. El SEO puede aumentar el número de personas que visitan su sitio, incrementando el conocimiento de la marca y los ingresos.

- Utilizar palabras clave populares en su contenido
- Actualizar regularmente su contenido
- Crear metadatos optimizados y otras descripciones de fondo
- Analizar las tendencias de los usuarios y modificar los métodos son algunos de los componentes del SEO.

Redacción y creación de contenidos.

Ser competente en la redacción y producción de contenidos puede ayudarle a ahorrar dinero, mejorar la productividad y publicitar sus productos o servicios, ya que puede cumplir muchas de las funciones de su empresa con un equipo reducido. Las actualizaciones periódicas del contenido de su sitio web, de las redes sociales y de los canales de vídeo pueden ayudarle a mejorar su clasificación en las búsquedas y a impulsar la participación de los clientes.

Gestión del tiempo.

Los emprendedores online deben gestionar su tiempo correctamente porque trabajan con un presupuesto corto y un equipo pequeño.

- Organización: Los empresarios deben idear formas de llevar un control de sus obligaciones, las fechas esenciales y el estado del proyecto.

- Priorización: Los empresarios deben decidir qué tareas son las más críticas y requieren atención inmediata.
- Delegación: Los empresarios de éxito contratan a personas en las que pueden confiar y les asignan las responsabilidades cotidianas, lo que les deja más tiempo para concentrarse en la planificación organizativa de alto nivel.

Salario y perspectivas laborales de los emprendedores online.

Según los salarios de Indeed, los empresarios de Estados Unidos ganan una media de 46.453 dólares al año. La participación en los beneficios les reporta una media de 6.500 dólares más al año. Aunque los datos sobre los emprendedores de Internet no son accesibles, la Oficina de Estadísticas Laborales de Estados Unidos estima que en 2016 había 9,6 millones de autónomos en el país. Según la BLS, los profesionales autónomos aumentarán a 10,3 millones en 2026, lo que representa un aumento del 7,9%.

Capítulo no.5

Empresario de éxito en Internet.

Los empresarios de Estados Unidos ganan una media de 46.453 dólares al año, según los salarios de Indeed. La participación en los beneficios proporciona a los emprendedores una media adicional de 6.500 dólares al año. Aunque no se dispone de datos sobre los emprendedores online, la Oficina de Estadísticas Laborales de Estados Unidos calcula que en 2016 había 9,6 millones de trabajadores por cuenta propia en el país. Según las estimaciones de la BLS, el número de trabajadores autónomos aumentará a 10,3 millones en 2026. Se trata de un aumento del 7,9% de crecimiento. Cualquiera podría iniciar su andadura empresarial, pero es difícil imaginar que se arriesgue y deje la seguridad de un puesto a tiempo completo con seguro médico y un sueldo para iniciar un negocio por su cuenta. Puedo identificarme con esto ya que tuve preocupaciones similares cuando comencé mi propia empresa. Hoy me gustaría mostrarte lo que debes aprender sobre los negocios en línea y guiarte a través de los pasos para comenzar y tener éxito ya que tú eres tu jefe.

- **Entienda su "por qué"**

Antes de embarcarse en su viaje de negocios en línea, es esencial saber por qué desea iniciar su propia empresa en absoluto.

- ¿Busca la libertad?
- ¿Un estilo de vida con ingresos pasivos?
- Potencial para ganar.
- ¿Tomar todas las decisiones y ser tu jefe?
- ¿Te encuentras odiando tu trabajo?
- ¿Buscas involucrarte en algo que te interese?

Independientemente de lo que utilices para trabajar a tiempo completo, tiene que haber una justificación o una lista de motivos. Para mí lo fue por la libertad y el potencial de ganancias. Averigua qué es lo esencial para ti, y esto te permitirá tener éxito incluso cuando las cosas se pongan difíciles.

- **No deje su trabajo a tiempo completo... todavía.**

No soy un gran amante de dejar tu trabajo a tiempo completo y apostar todo a la posibilidad de iniciar un negocio a pequeña escala por tu cuenta. La razón es muy sencilla. Tanto si se trata de un negocio en línea como si no, el 45% de las pequeñas empresas fracasan en los cinco primeros años.

Soy un gran fan de asumir riesgos calculados. Dado que muchos emprendedores fracasan, creo que es más racional trabajar a tiempo completo mientras empiezas y terminas con un negocio paralelo. Te ayudará a tomar mejores decisiones, ya que tus finanzas no estarán estresadas. Si las personas se preocupan por sus finanzas y lo convierten en el objetivo principal de su negocio en lugar de lo que quieren sus clientes, están lejos de poder dirigir un negocio online con éxito.

2. **Idea de negocio que se adapta a su estilo de vida.**

Un aspecto atractivo de un negocio en línea, también llamado inmobiliario virtual, podría proporcionar un impresionante potencial de ingresos pasivos. Es probablemente uno de los principales motivos para empezar. Pero mis muchas experiencias me han enseñado que el modelo de "ingresos pasivos" no es la opción ideal para todos? ¿Cuál es la razón? Puede llevar mucho tiempo ganar suficiente dinero para cubrir tu trabajo, como he demostrado en mi artículo sobre los ingresos. Es esencial saber que tener una idea de negocio atractiva para los demás no tiene por qué ser la mejor para ti. Elige un tema que sea una expresión de la forma en que te gustaría que fuera tu vida.

He aquí un resumen de algunos conceptos en los que hay que pensar:

Crear un blog: Considero que este es mi modelo de negocio favorito, ya que es increíblemente inactivo una vez que has descubierto cómo funciona. La mayor parte de este modelo se basa en la publicidad en pantalla y el marketing de afiliación para generar ingresos. Aunque es beneficioso conocer los fundamentos del SEO y del mercado digital, no es necesario.

Convertirse en YouTuber: Mi segundo modelo de negocio favorito, principalmente por lo fácil que es. Aunque la mayoría de la gente cree que para tener éxito en YouTube hay que estar delante de una cámara y completar una semana de trabajo de 60 horas, no es así cuando se enfoca el proceso de forma diferente. Me refiero a un "canal temático". Significa que empezarás a ganar dinero en línea, principalmente con los ingresos de YouTube AdSense.

Hágase consultor en línea. Hay muchos tipos de trabajos de consultoría con los que podrías empezar a ayudar a otras pequeñas empresas. Podrías ser un gestor de redes sociales, un especialista en marketing general o en optimización de motores de búsqueda (SEO) y un especialista en diseño web (suponiendo que estés familiarizado con el software para el diseño web), un programador o cualquier otra cosa que se ajuste a tus habilidades. Aunque esta no es la forma ideal de convertirse en un empresario de Internet, ya que no es un esfuerzo pasivo, es una excelente manera de empezar si esta es tu primera experiencia.

Iniciar un negocio en línea: Hay muchas plataformas diferentes para comprar y vender productos o desarrollar y comercializar productos empezando desde cero. No es un esfuerzo pasivo y suele requerir algo de dinero para empezar, pero puede ser muy rentable cuando has llegado a la cima. Hay una gran variedad de plataformas que puedes utilizar para empezar tu propio negocio; te sugiero que estudies mi artículo sobre la venta al por menor o la venta en Etsy para empezar.

Enseñar las habilidades de otras personas: Cientos, quizás miles, de empresarios en línea que venden cursos en línea para obtener ingresos. Aunque requiere un enorme esfuerzo para desarrollar el concepto de un curso y el esquema, es un excelente método para convertirse en un propietario de un negocio en línea que tenga éxito, ya que puede aprovechar su experiencia y conocimientos previos para hacerlo funcionar. Tendrás que localizar la plataforma de cursos en Internet más adecuada para dirigir tu negocio. Luego, crearás y comercializarás tu curso. Si sus cursos logran tener éxito, podría considerar la posibilidad de etiquetado privado y el curso PLR para generar un flujo de ingresos alternativo.

- **Aprende mientras vas.**

Si está tratando de averiguar la mejor manera de convertirse en propietario de un negocio en línea, debe darse cuenta de cómo el método de aprendizaje "justo a tiempo" puede ayudarle en su éxito. Del mismo modo, la sobrecarga de información es la norma en este campo. Para contrarrestar esto, inicie primero su empresa y luego concéntrese en aprender todo lo que debe saber. Si intenta comprender lo básico antes de empezar, es probable que no llegue a hacerlo. Digamos, por ejemplo, que te gustaría ser bloguero, basándote en mis recomendaciones. Eso es estupendo. Sin embargo, si no estás seguro de cómo utilizar WordPress o estás empezando en el marketing online, podría impedirte incluso empezar por sentirte abrumado.

- **Empezar ahora.**

Uno de los problemas más comunes de los emprendedores que se plantean iniciar su propio negocio es dedicar su tiempo a preocuparse por el mejor modelo de negocio y por crear un plan de empresa eficaz. Si está decidido a convertirse en propietario de un negocio en línea, el primer paso que tiene que dar es establecerse. Puedo decir que el arrepentimiento número uno de los que han logrado en sus campos para mí, también, es no haber comenzado antes. No sé por qué la gente no empieza. Sin embargo, la mayoría de la gente tiene miedo a fracasar y concluye que la mejor manera de proceder es no empezar. Empezar... por lo tanto, son incapaces de fracasar. Vas a fracasar, y no pasa nada; te concedo el derecho a fracasar. Yo mismo he fracasado varias veces. Aunque suene a tópico, es casi un rito de iniciación empezar algo y luego caerse de bruces. El "fracaso" es el aprendizaje de lo que funciona y lo que no. Es un fracaso constante cuando se fracasa y se abandona. El consejo más práctico que puedo dar a los tuyos. No te rindas.

- **Cree un plan y cúmplalo.**

Antes de comenzar su aventura en línea, es esencial que establezca un plan para usted mismo y que se adhiera a él estrictamente. Esto es especialmente importante para los que tienen hijos o para los que empiezan un negocio en línea como una actividad adicional. ¿Cuántas horas vas a trabajar? ¿Qué días vas a trabajar menos? ¿Cómo va a manejar su carga de trabajo con sus obligaciones actuales? Yo sugeriría una hora o menos cada día de trabajo durante la semana, y un mínimo de 3-4 horas los fines de semana. La clave es ser constante. Si eres capaz en tu aventura online, aunque sea una hora cada día, las horas se suman y dan como resultado un excelente producto final.

- **Haz todo lo posible por trabajar duro.**

  Trabajar. Concéntrate en ser muy eficiente y trabaja duro poniendo tu cabeza al máximo. Ten en cuenta que alguien está intentando ganarte cada momento que no estás trabajando. Recuerda que tu negocio online es la forma de escapar de tu posición actual. No importa si estás empleado en un trabajo que te gusta, pero que te disgusta, o en un estado de desempleo y te gustaría crear tu propia empresa desde cero. Trabajar duro es la solución a tus problemas.

- **No tengas miedo de experimentar con lo nuevo.**

  Una de las cosas que descubrí cuando me convertí en un emprendedor online fue probar nuevas ideas para aumentar tus ingresos y descubrir las cosas más exitosas. He desarrollado clases en línea en Udemy y en mi sitio web y he construido varios blogs/sitios web. También he intentado vender en línea, me he adentrado en el marketing de afiliación y he probado otras cosas diferentes para aumentar mis ingresos. La mayoría de ellos se han enfrentado a fracasos; sin embargo, un puñado de ellos fue exitoso, y sólo se necesitan unos pocos para sostener su carrera como un hombre de negocios en línea.

- **Establezca objetivos a corto plazo.**

Muchas personas pasan la mayor parte de su tiempo componiendo objetivos. Creo que es un poco absurdo porque no se sabe lo que ocurrirá en el próximo año. El presente. ¿Yo? Yo sugeriría establecer objetivos para el mes y ya está. Coge una hoja de papel o compra una pizarra blanca en Amazon y piensa en las cosas que podrías conseguir completar antes de que acabe el mes. Anótalo. Cuando hayas terminado, coloca esa pizarra o ese papel en el lugar donde trabajas cada día para que puedas recordártelo constantemente y presionarte para alcanzarlos. Eso es todo. Fija/alcanza tus objetivos. Si puedes hacer esto cada mes durante un año, habrás progresado mucho y empezarás a ganar dinero online.

- **No tengas miedo de decidirte a invertir.**

¿Cuáles crees que serían las posibilidades de éxito de Amazon si Jeff Bezos nunca invirtiera nada en la empresa? ¿Qué opina de Google? ¿Y de Facebook? Estas empresas necesitaron inversión de capital para triunfar; los fundadores creyeron en la visión lo suficiente como para arriesgar su capital. Recuerda que tu empresa necesitará algo de dinero y, por tanto, no tengas miedo de invertir dentro de tu presupuesto. Mi sugerencia es que desarrolle un presupuesto inicial con el que se sienta cómodo cada mes.

- **Reinvierta los beneficios de su negocio.**

Si finalmente empiezas a ganar dinero, debes reinvertir hasta el último céntimo. No acepte pagos durante al menos seis meses. Si puedes hacer esto con éxito y eficacia, harás crecer tu negocio a pasos agigantados. He visto esto de primera mano. Es difícil llegar a ser masivo si pasas la mayor parte de tu tiempo blogueando y filmando videos, atendiendo las quejas de los clientes (considera tener un número de teléfono virtual para atender esto), o cualquier otra cosa que puedas subcontratar.

No dude en subcontratar cuando sea rentable y esté dispuesto a invertir en el producto que ha creado. Te permitirá centrarte en las cuestiones más importantes y en la dirección de tu negocio. Espero que este artículo te ayude a darte cuenta de los retos que supone ser propietario de un negocio online. Estos consejos han sido aprendidos a través de la experiencia, y espero que le ayuden a lo largo de su viaje.

Capítulo no.6

Convertirse en empresario sin dinero ni experiencia.

Eres tu jefe tomando todas las decisiones y trabajando duro para alcanzar tus objetivos: para muchas personas, el espíritu empresarial es el objetivo final de una carrera. Sin embargo, por muy singular que pueda parecer tener tu propio negocio. Sin embargo, es difícil. ¿Cómo de difícil es? El noventa por ciento de las startups fracasan. Los emprendedores están más estresados que el resto de nosotros y sufren más estrés diario. Cuando tienes que rendir cuentas de tus resultados, todos los fracasos recaen sobre ti. Lo bueno es que montar un negocio puede ser una de las oportunidades más gratificantes, emocionantes y excitantes que tendrás si eres consciente de los peligros y sigues decidido a convertirte en empresario, los consejos y estrategias de esta guía.

Cómo convertirse en empresario.
- Encontrar conceptos de startups rentables.
- Centrarse e identificar las categorías (o grupos) de mayor crecimiento.
- Satisfacer una demanda insatisfecha.
- Crear algo superior (o menos costoso) a la oferta actual.
- Comprobar el concepto de su startup con la investigación de su comprador.

- Empezar con una producción mínima viable (MVP).
- Haz un plan de negocio.
- Sigue iterando basándote en el feedback.
- Encuentre un fundador asociado.

1. Encontrar conceptos de startups rentables.

La base de un negocio de éxito es una idea. Es imposible construir una empresa de éxito sin una idea. He aquí algunas estrategias innovadoras para pensar en una idea para un producto o servicio. Averigüe qué es lo que les preocupa. ¿Qué hace que un servicio tenga éxito? Resuelve un problema o una frustración para cuyo alivio la gente gastará dinero. Para ello, empieza por preguntar a tus amigos qué les frustra. Los emprendedores encuentran inspiración en sus frustraciones cotidianas. Por ejemplo:

- Travis Kalanick y Garret Camp crearon Uber tras una época en la que les costaba encontrar un taxi.
- Chris Riccobono creó UNTUCK it Chris Riccobono lanzó el surtido Untucking de camisas con un buen aspecto sin meterlas dentro después de molestarse por lo arrugadas y sin forma que aparecían sus camisas abotonadas cuando no las ataba en.

Mientras piensas en tus ideas y realizas una lluvia de ideas, haz que tu grupo de amigos lleve la cuenta de los asuntos cotidianos que les hacen enfadar. Revisa sus listas y busca cualquier asunto que puedas resolver.

Aprenda de otras empresas en ciernes.

Mirar lo que otros han creado puede ser un método excelente para poner en marcha tu proceso de pensamiento. Echa un vistazo a Product Hunt, una colección continua de las últimas aplicaciones, páginas web, juegos y sitios web para inspirarte en el mundo digital. Además, Kickstarter es un excelente recurso para artículos físicos. Hay muchos sitios de reseñas de productos que pueden despertar tu imaginación.

Busque las tendencias que le ayuden a preparar su concepto para el futuro.

El mundo evoluciona y las personas requieren productos diferentes. En este caso, el auge de Uber, Lyft y otras aplicaciones para compartir trayectos hizo que se necesitara una aplicación de terceros que le informara de las tarifas más asequibles disponibles en ese momento. Consulta las predicciones de tendencias para tu sector o mercado o busca publicaciones de previsión de tendencias generales como Trend Hunter y Spring wise. Pregúntese: "Si estas predicciones son exactas, ¿qué herramientas serán necesarias?"

2. Elija y concéntrese en las categorías de mayor crecimiento (o en las categorías).

El experto en licencias y estratega de la propiedad intelectual Stephen Key recomienda elegir un campo que le atraiga pero que no sea demasiado competitivo. "Prefiero alejarme de las áreas que son notoriamente difíciles, como el negocio de los juguetes. Hay mucha gente trabajando en ese campo", explica. "Tendrá mucho más fácil licenciar sus ideas si se concentra en las categorías de productos que se están expandiendo y están abiertas a la innovación que es abierta". Una vez que haya seleccionado la categoría que desea estudiar, la clave dice que debe examinar todos los productos de esa categoría.

- ¿Cuáles son las ventajas de cada producto y en qué se diferencian?
- ¿Cuál es su estrategia de marketing y envasado?
- ¿Qué opinan los críticos?
- ¿Qué mejoras podrían introducirse?

Después de elegir un producto, tenga en cuenta preguntas como:

- ¿Qué podemos hacer para mejorarla?
- ¿Puedo añadir una nueva característica?
- ¿Qué le parece un tipo de material diferente?
- ¿Puedo personalizarlo?

3. Para satisfacer una demanda insatisfecha.

Muchos empresarios inician negocios de éxito cuando detectan una oportunidad. Por ejemplo, es posible que descubras que falta una externalización de ventas de alta calidad. Como ha tenido experiencia en el desarrollo de ventas y la gestión de cuentas en empresas de ventas en fase inicial, es posible prestar este servicio a las nuevas empresas del sector tecnológico.

4. Crear algo superior (o menos costoso) a lo que está disponible.

No siempre hay que inventar algo nuevo. Si puedes poner a la venta un producto ya existente a menor coste o con mayor calidad o, idealmente, ambas cosas, tendrás muchos clientes potenciales. Además, hay una demanda continua. Mientras pasa su día, debería hacer un inventario de las cosas que hace. Revisa la lista para encontrar cualquier cosa que puedas cambiar.

Otras ideas.

- **Conecta con otros emprendedores.** Utiliza Eventbrite o Meetup para buscar eventos dentro de las comunidades de startups de la zona. La conexión con otros emprendedores no sólo te ayudará a establecer relaciones

beneficiosas, sino que te proporcionará un montón de conceptos.
- **Solicitudes de patentes para la investigación:** Las solicitudes de patentes suelen hacerse públicas unos 18 meses después de su presentación. Aunque no aconsejamos copiar directamente las invenciones, un vistazo a estos documentos nos dará una idea de hacia dónde se dirige el campo.
- **Sesión de brainstorming:** Para dar rienda suelta a tu creatividad, invita a otras tres o cinco personas con mentalidad empresarial a una sesión de brainstorming. Invita a todos a hablar de un tema o asunto concreto, por ejemplo: "¿Cuál es tu tipo de X favorito y por qué?". O "¿Tienes alguna herramienta para conseguir lo que quieres lograr? ¿Tienes alguna razón para hacerlo o no?". Las respuestas pueden dar lugar a hermosas ideas.

5. Comprueba el concepto de tu startup con la investigación del cliente.

Es genial, has pensado en algo. Pero no dejes todavía tu trabajo diario. Antes de ponerte manos a la obra, debes conocer a las personas que querrán tu producto. (Para poder evaluar la eficacia de tu producto en el mercado, empieza por conocer a tu buyer persona, es decir, a las personas a las que quieres vender tu producto. Si tu producto no responde a una necesidad real, nunca les interesará, por muy bueno o innovador que sea. Por eso son tan importantes los estudios de mercado y de los compradores individuales. Una vez que hayas encontrado a tu cliente ideal, una parte esencial de tu investigación es entrevistar a aquellos que cumplen los criterios. Hazles una demostración en vivo de tu servicio, luego pregúntales si están satisfechos y si no les gusta y cuánto gastarían por él y con qué frecuencia lo utilizarían, etc.

Si lo que busca es medir el interés de los clientes antes de lanzar cualquier otro producto, cree su página de aterrizaje para explicar el producto o servicio que ofrece. Solicite a los usuarios que envíen sus direcciones de correo electrónico para obtener un período de acceso anticipado, una suscripción, una membresía o un producto no remunerado, un descuento, anuncios de nuevos productos u otras ofertas atractivas. Promociona el vídeo a través de las redes sociales, las búsquedas de pago, etc. Y vea el número de visitantes que se convierten en registros.

6. Empezar con una producción mínima viable (MVP).

La versión MVP es la más básica y sencilla que puedes hacer del producto o servicio que podrías ofrecer. Es suficiente para complacer a los primeros clientes y tener una idea de cómo puedes mejorar. Supongamos que quieres crear una aplicación que conecte a los estudiantes con los tutores de forma virtual. Podrías crear una versión mínima, invitar manualmente a 150 tutores de Internet a que se apunten y publicar el enlace a la aplicación en la página de Facebook del campus. Si consigues que un número decente de personas se apunte, es un indicio de que debes dar el siguiente paso. Si recibes pocas señales, quizá quieras reconsiderar el concepto o empezar de nuevo. Empezar de a poco, y usar un MVP reduce los costos mientras permite el espacio para el crecimiento a medida que su producto se verifica.

7. Desarrollar una estrategia empresarial.

El plan de negocio puede describirse como un documento formal que describe los objetivos de su empresa y los pasos para alcanzar estas metas. Puede incluir una estrategia de marketing y un presupuesto, así como proyecciones financieras e hitos. En tu papel de empresario, la tarea consiste en establecer los objetivos de tu empresa, la misión y las metas a corto y largo plazo. El plan de negocios es el resultado de sus esfuerzos y ayuda al crecimiento de su empresa.

8. Seguir iterando en respuesta a los comentarios.

Ten en cuenta que es probable que tu MVP no sea suficiente para seguir siendo relevante en los mercados que elijas, sobre todo si tienes grandes objetivos para tu empresa. El siguiente paso es crear entusiasmo y perspectivas (comercializar los productos), conseguir clientes (vender su producto), medir la satisfacción y mejorar el producto en función de los comentarios... Y luego repetir. La capacidad de optimizar todos los componentes de este volante puede generar los ingresos necesarios para invertir en el producto, y la inversión en el producto generará un interés adicional de:

- Los clientes que están satisfechos con su servicio crean referencias de boca en boca

- Opciones más competitivas que atraen a nuevos clientes.

9. Encontrar un inversor que sea cofundador

Es una creencia común que hay que buscar al cofundador de tu propia empresa. Tener un cofundador tiene tres ventajas.

1. Es mucho más fácil conseguir fondos. No importa que varios fundadores contribuyan al éxito de una empresa; sin embargo, muchos inversores de capital riesgo creen que sí. No están dispuestos a invertir en fundadores únicos.

2. Se le apoya emocionalmente. La gestión de un negocio es una experiencia ardua, emocionante y desafiante. Si estás solo en la montaña rusa emocional, no tienes a nadie con quien compartir tu alegría cuando las cosas van bien... ni con quien superar los bajones. Un cofundador sabe lo que estás experimentando y te ayuda a sentirte menos aislado.

3. Podrían ofrecer diferentes habilidades o conocimientos y conexiones. Quizá tú seas bueno en ventas, mientras que tu cofundador tiene más conocimientos técnicos. Hay muchas conexiones y han lanzado una empresa antes. La elección de un cofundador con currículum personal es un método fantástico para aumentar tus posibilidades de éxito.

Sin embargo, tener cofundadores tiene sus desventajas.

1. Habrá conflictos. Tú y tu pareja siempre estaréis en desacuerdo. Un debate sano puede ser productivo; sin embargo, estarás perdiendo un esfuerzo y un tiempo valiosos si no llegas a una resolución rápidamente. Además, podrías dañar la moral de tu equipo.

2. Hay que dividir todo el capital social. Si eres el único propietario de tu empresa y eres el único dueño, empezarás con el 100% del capital social. Cuando pase el tiempo y añadas más empleados o recibas fondos, dividirás este capital. Sin embargo, lo más probable es que des un porcentaje del 0,005 al 35% del capital a una entidad, en función de la persona que sea. Si sois cofundadores, cederéis automáticamente entre el 40 y el 60% de la empresa de una sola vez.

3. Encontrar uno no es fácil. No es fácil encontrar a alguien que tenga una ética empresarial o un estilo de trabajo similares y una personalidad parecida. Además, tienen que estar convencidos de tu visión y tener las capacidades adecuadas, y también tener el deseo de convertirse en tus cofundadores en primer lugar. No es una tarea fácil. Es importante tener en cuenta que hay muchos ejemplos de empresas de éxito con un solo fundador, como de la misma manera, las startups sin éxito fracasaron debido a los conflictos entre los cofundadores. Elige un curso de acción en función de tu circunstancia y no de los consejos convencionales.

Cómo encontrar un fundador o cofundador.

Si has decidido cofundar una empresa, tu siguiente tarea es encontrar una. Considera primero tu red de contactos. Puedes elegir a alguien que conozcas o cuyos conocidos puedan confirmar que es más seguro que seleccionar a un desconocido. Se trata de una estrategia de ingeniería inversa, y tienes más posibilidades de conseguir que se unan a tu grupo cuando tienen una relación de primer y segundo grado. Sin embargo, si has recurrido a tus redes pero no has tenido suerte, hay varios servicios de "conexión de cofundadores" que puedes utilizar.

- **Sigilo. li.**
- **la Nación Fundadora.**

También puedes acudir a eventos empresariales locales para conectar con posibles socios.

Cómo conseguir financiación.

Es necesario invertir dinero en efectivo para ganar dinero. Para financiar tu startup, puedes considerar estas alternativas:

1. Hay que animar a tu familia y amigos a que contribuyan a tu negocio.

Muchos empresarios recurren a familiares y amigos para realizar una inversión inicial. Es lo que se conoce como "ronda de semillas". "Ronda de siembra". Puedes intercambiar fondos por una inversión en tu startup (es decir, que tu familiar se quede con el 4% de la empresa después de que le des 12.000 dólares). También puedes pedir un préstamo privado (con o sin intereses) o incluso hacer donaciones.

2. Solicitar una subvención para pequeñas empresas.

Los gobiernos estatales, federales y locales ofrecen programas para pequeñas empresas, como programas de préstamos con bajos tipos de interés y capital riesgo y subvenciones. Muchas empresas no son elegibles para el programa y, por lo tanto, es posible que no puedas localizar ninguna. Sin embargo, merece la pena investigar, ya que es dinero gratis!

3. Utilizar una plataforma de crowdfunding.

Kickstarter, Indiegogo, GoFundMe, Fundable y muchas otras plataformas de crowdfunding le permiten obtener financiación a través de campañas en línea. Este enfoque no solo te ayuda a crear capital, sino que también te permite obtener una retroalimentación temprana sobre tu producto y el reconocimiento de la marca. Y a menudo, si tienes una historia emocionante que contar o un producto fantástico, la prensa.

4. Presentar su propuesta a un inversor ángel.

Los inversores ángeles buscan empresas en fase inicial que puedan duplicar o incluso triplicar su inversión. Suelen invertir entre 25.000 y 50.000 dólares. En este sentido, tendrán en cuenta el valor potencial del futuro de una empresa y lo fácil que será conseguirlo. Serán meticulosos a la hora de asegurarse de que conoces las necesidades de tus clientes y el mercado en el que operas, así como las formas en que ganarás dinero y cómo lo aumentarás. Deberás estar preparado con planes de negocio sólidos y con los primeros indicios de éxito (como "el usuario típico remite a dos usuarios más en su primera semana" o "hemos aumentado nuestros ingresos en un tercio entre enero y el mes de marzo"). Además de los fondos de los ángeles, tendrás acceso a su experiencia y conexiones. A cambio, podrán intercambiar capital.

5. Solicitud de capital riesgo.

Los inversores de capital riesgo buscan pequeñas empresas privadas que sean jóvenes y estén en crecimiento. Al igual que los inversores ángeles, las empresas de capital riesgo buscan oportunidades de inversión de alto riesgo que produzcan un alto rendimiento. El rendimiento que buscan depende de la madurez de la empresa. Si invierten antes de que la empresa salga a bolsa o sea comprada, un rendimiento 3 veces superior está bien. Sin embargo, si una empresa de capital riesgo invierte pronto, es probable que busque una rentabilidad entre 7 y 10 veces mayor.

6. Utilizar una tarjeta de crédito para obtener la opción de efectivo a corto plazo.

Por lo general, no se recomienda utilizar la tarjeta de crédito para los gastos de la empresa, a menos que, por supuesto, se disponga de fondos para pagar el saldo restante. A veces, no hay más remedio que pagar en efectivo, y es urgente. Pero perder la puntuación de crédito y acumular una cantidad excesiva de deudas en la tarjeta de crédito podría afectar a tu negocio a largo plazo (por no hablar de tu bienestar financiero).

7. Puedes obtener un microcrédito.

No puedes pedir un préstamo durante el primer año de tu negocio, ya que los prestamistas no están dispuestos a hacer una inversión tan arriesgada. Pero puedes aprovechar el programa de microcréditos que ofrece la Administración de Pequeñas Empresas. A las pequeñas empresas se les puede conceder hasta 50.000 dólares, mientras que el préstamo medio de la SBA es de 13.000 dólares. Los microprestamistas y los prestamistas sin ánimo de lucro son otras dos opciones. Suelen dirigirse a empresarios minoritarios o marginados. Las condiciones de sus préstamos suelen ser justas. La guía de NerdWallet sobre las mejores instituciones de préstamo sin ánimo de lucro de Estados Unidos es una fuente excelente.

8. Póngalo en marcha.

No hay necesidad de tomar ningún dinero de nadie más que el que usted desea. Algunas empresas ni siquiera recaudan dinero en primer lugar. Sus fundadores cubren los gastos iniciales por su cuenta; luego, una vez que el negocio es rentable, los ingresos que obtiene cubren todo el coste. Esta opción le permite a usted (y a sus cofundadores) conservar una mayor parte de su negocio si ya lo tiene. Pero es posible que su empresa no crezca tan rápidamente y sin una financiación importante. Si decides crear una empresa desde cero, asegúrate de que tu presupuesto es lo más reducido posible para alargar la vida de tu negocio.

Cómo constituir su empresa.

En algún momento tendrá que decidir si quiere constituir su empresa. Como propietario único, tanto su empresa como usted se consideran una sola entidad. Al constituir su empresa, ésta pasa a ser distinta de usted. Desde el punto de vista legal, puede comprar y vender propiedades, pagar impuestos, demandar y ser demandada, crear contratos y cometer otros delitos.

Los beneficios de la incorporación.

Lo más importante es que una empresa protege sus activos de la carga de las obligaciones y deudas comerciales. Los acreedores suelen tratar de pagar con los activos de la empresa, pero no con los tuyos (como tu casa, tu coche o tu cuenta bancaria, entre otros). Además, usted no es legalmente responsable de las acciones de la empresa. Cualquiera que demande a tu empresa estará demandando a tu empresa. La empresa en la que estás te permite transferir acciones. También puedes vender una parte de tu participación en una organización, transferirla a otra empresa o incluso regalarla. Si quiere aceptar una inversión externa o traer un socio adicional, es necesario vender. La condición de sociedad anónima también le proporciona más credibilidad, lo que puede ayudarle a conseguir capital de inversión. Además, las empresas pueden deducir los gastos del negocio antes de asignar los ingresos.

Las desventajas de incorporar.

Añade una carga fiscal. Tendrá que presentar regularmente sus declaraciones de impuestos al Estado y pagar tasas anuales. El proceso es largo y requiere mucho tiempo. La contratación de un abogado puede oscilar entre unos cientos y miles de dólares. No es necesario constituir una sociedad porque hay varias estructuras corporativas entre las que se puede elegir. Sin embargo, es una buena idea constituirla si tienes un cofundador, necesitas fondos externos o quieres protección legal. Una vez que haya optado por constituir una sociedad, tendrá que elegir entre convertirse en una sociedad de responsabilidad limitada (LLC) o en una sociedad anónima. La SBA ofrece una guía útil para elegir la mejor estructura organizativa.

Ayuda y apoyo a los empresarios.

Recursos financieros.

Como hemos mencionado anteriormente, los empresarios suelen ampliar su negocio mediante el bootstrapping (conseguir los fondos por sí mismos) utilizando préstamos para microempresas u obteniendo financiación de inversores. Estos son algunos recursos que puedes consultar:

- Programas financieros de la SBA La SBA ayuda a encontrar financiadores, a asegurar el capital de inversión, a conseguir subvenciones, etc.
- Los viveros de empresas ofrecen recursos para ampliar el negocio mediante la concesión de fondos propios. Muchas incubadoras dependen de la ubicación o del sector. Sin embargo, organizaciones como la

Asociación Internacional de Innovación Empresarial y la Lista de Incubadoras pueden ayudarle a ponerse en contacto con las incubadoras.
- Inversión ángel. Los inversores ángeles utilizan sus fondos para invertir y se centran en ayudar a los empresarios a desarrollarse y expandirse a cambio de capital. Muchas comunidades de inversores ángeles también dependen de la ubicación; sin embargo, organizaciones como Seed Invest y AngelList pueden ayudarle a presentarse ante inversores acreditados.
- Capital riesgo - Los inversores de capital riesgo no invierten con su propio dinero. Invierten, por lo que asumen menos riesgos y están menos dispuestos a acordar condiciones, razón por la que deberías alejarte de la financiación de capital riesgo hasta que estés establecido en tu empresa. Gust y la Asociación Nacional de Capital Riesgo y Gust pueden ayudarle a conseguir capital de VC.

Defensa y asesoramiento.

La brecha financiera no es el único obstáculo que hay que superar en la actividad empresarial. También puedes enfrentarte al problema de las lagunas de conocimiento. Es ahí donde el asesoramiento, la formación y la promoción son cruciales.

- **Centro de aprendizaje de la SBA**. La SBA ofrece una plataforma de aprendizaje "diseñada para educar y capacitar a los propietarios de pequeñas empresas del proceso". Incluye cursos, guías empresariales y programas de desarrollo.
- **Centros de negocios**. Los gobiernos locales pueden crear empresas que combinan espacios de trabajo asequibles, redes y otros recursos que ayudan a las pequeñas empresas a crear una economía local. Son totalmente específicos del lugar y son más frecuentes en las ciudades, pero asegúrate de investigar la posibilidad de una iniciativa en tu zona.

- **Asociaciones profesionales y comerciales y grupos empresariales.** Pertenecer a una organización profesional podría ayudarte a crear confianza con tus clientes; sin embargo, suele conllevar beneficios adicionales, como bolsas de trabajo, recursos legales, cursos para la formación,g y mucho más. Suelen ser específicas de la ubicación o del sector.

Redes de apoyo.

Cuando se decide a ser propietario de un negocio, podría enfrentarse a un reto sobre aspectos específicos de la propiedad de una empresa y su gestión. Uno de los aspectos que hay que tener en cuenta es que no es necesario enfrentarse a los retos y tribulaciones por uno mismo. Este proceso de aprendizaje puede ralentizarse y reducirse mediante la participación en redes, grupos y eventos empresariales para adquirir conocimientos. Su problema o área de debilidad podría ser uno que un miembro del grupo haya encontrado antes, y usted podría beneficiarse de su experiencia. Además, podría tener información que podría ayudar a otros empresarios que lo necesiten. A continuación se explica cómo desarrollar su red de apoyo.

- **Encuentre y participe en eventos para empresarios.** La SBA ofrece actividades presenciales y en línea para empresarios. Utilice la función de búsqueda para encontrar los eventos más adecuados para su situación específica.

- **- Únase a las organizaciones existentes y a los paneles consultivos de compañeros.** Organizaciones como la Entrepreneurs Organization y The Tugboat Institute, y Vistage ofrecen afiliación y apoyo a los empresarios.
- **- Puede encontrar un entrenador o mentor empresarial experto.** Un enfoque personal por parte de un entrenador o mentor puede ayudarle a abordar los problemas de forma individualizada y a crecer como líder.

El camino para convertirse en empresario no es fácil, pero es increíblemente satisfactorio.

Capítulo no.7

Inconvenientes y ventajas de los negocios en línea.

Qué es el negocio en línea?

La definición de negocio online es la de las actividades comerciales que tienen lugar a través de Internet. Cuando una empresa crea una tienda online para vender sus productos, los clientes adquieren su mercancía a través de Internet.

¿En qué países se utiliza el negocio en línea?

El auge de la tecnología en Internet ha transformado el modo en que las empresas dirigen sus negocios: numerosos sectores, como el cine, el transporte o la medicina, utilizan sitios web para comunicarse con sus clientes. Muchas empresas dependen totalmente de Internet. Aunque una empresa en línea funciona como una empresa tradicional, existen algunas ventajas y desventajas distintas. Las ventajas y desventajas son importantes para tener en cuenta antes de iniciar un negocio en línea.

Beneficios de los negocios en línea

Credibilidad.

Una de las ventajas de este modelo de empresa es el hecho de que da credibilidad. Para empezar a utilizar un modelo de tienda física, normalmente tendrá que invertir mucho dinero en infraestructura. Los clientes y otros negocios son conscientes de ello, y esto demuestra tu dedicación al mercado. Cualquiera puede empezar con un negocio en línea por sólo un par de cientos de dólares. Un negocio basado en el ladrillo muestra que usted busca el largo plazo.

Venta de productos perecederos.

Tener una tienda física es beneficioso si tiene una empresa que vende alimentos perecederos, como una tienda de comestibles de lujo. Aunque algunas empresas ofrecen alimentos por Internet, tener una tienda física a la que puedan acudir los clientes le dará una ventaja en este mercado. El proceso de envío de alimentos frescos puede ser complejo y a menudo provoca daños o deterioro. Si tiene un local físico, esto le permite obtener los alimentos y venderlos rápidamente para asegurarse de que están frescos cuando se entregan al consumidor.

Diferentes formas de pago.

Una tienda física le permite aceptar varias opciones de pago de sus clientes. Si puede aumentar la variedad de métodos de pago disponibles, mejora la probabilidad de completar la venta. Si, por ejemplo, dirige una tienda en línea generalmente, puede aceptar pagos mediante tarjeta de débito o crédito o un procesador de pagos externo como PayPal. Si tiene un establecimiento físico, también puede aceptar cheques y dinero en efectivo.

Costes a largo plazo.

Las empresas que operan en línea tienen unos costes de funcionamiento mucho más bajos que las empresas tradicionales. Un negocio en línea requiere muy poco espacio de oficina o incluso no necesita tener una oficina. Así, las empresas pueden reducir los gastos de alquiler de oficinas físicas. Además, si no hay una ubicación física para el negocio, eventualmente, el costo de contratar empleados se reducirá.

Personalización.

El grado de satisfacción que proporciona una empresa online es mayor que el de una empresa tradicional con sede en una oficina. Un modelo de negocio sin igual ofrece un mayor grado de personalización en los negocios online. En una tienda online, hay muchas opciones de personalización a disposición del cliente. El cliente debe elegir una opción y realizar la compra. Mediante estos pasos, es posible mejorar la experiencia del cliente.

La disponibilidad.

Un negocio que se gestiona en línea no está sujeto a limitaciones de tiempo, a diferencia de los negocios tradicionales que están sujetos a horarios de apertura y cierre. Las tiendas en línea están abiertas las 24 horas del día, los 7 días de la semana, y ofrecen más oportunidades de realizar ventas. En función de sus necesidades, los clientes pueden realizar compras en cualquier momento si tienen acceso a Internet.

Accesibilidad.

Las empresas online tampoco tienen limitaciones geográficas. Los clientes pueden hacer un pedido desde cualquier lugar del planeta. Pero sólo si tienen acceso a Internet. Es una de las razones por las que las empresas prefieren las estrategias en línea para llegar a los clientes internacionales.

La adaptación.

Si es el propietario de su propia empresa en línea, tiene derecho a la autoridad para ajustar los requisitos del mercado. Si se trata de un blog personal o de una tienda online, se concede al usuario el derecho de actualización. En caso de que se produzca una actualización, el usuario será informado inmediatamente a través del correo electrónico de marketing o de cualquier otro método de comunicación.

6. Datos del cliente.

Un aspecto crucial de todo negocio es la recopilación de información sobre los clientes. Las empresas en línea permiten recopilar datos sobre sus clientes y su comportamiento. Todo ello se hace con un esfuerzo mínimo. La empresa puede hacer los cambios necesarios para mejorar la experiencia del cliente analizando estos datos. Por ejemplo, en el caso de una tienda online, es posible determinar los productos más interesantes, el país del que proceden las ventas más importantes y el método de pago más popular.

7. Contacto con el cliente.

A través de una empresa en línea, puede conectar con clientes de todo el mundo. Cualquiera que le visite desde una región específica tiene más probabilidades de ser un cliente potencial para su empresa. Incluso las pequeñas empresas tienen la oportunidad de conectar con clientes de todo el mundo. Al final, esto podría conducir a las ventas más altas que no se pueden lograr efectivamente a través de los negocios fuera de línea.

Las desventajas de los negocios en línea.
1. Coste de la puesta en marcha.

Aunque los negocios en línea pueden beneficiarse del ahorro de costes a lo largo del tiempo, no es lo mismo en lo que respecta a la implementación. La empresa tiene que estar preparada para afrontar el enorme coste inicial, ya que el sitio web debe ser creado y mantenido por profesionales.

Además, hay costes adicionales relacionados con el SEO y el alojamiento, que podrían aumentar los costes totales.

2. Seguridad.

Muchas personas no se sienten cómodas con la idea de realizar transacciones a través de Internet para los negocios. El rápido crecimiento de las transacciones en línea ha atraído la atención de los hackers. Ha habido numerosos casos de fraude en los que empresas falsas utilizan información financiera para estafar a los clientes. Por ello, los consumidores dudan a la hora de compartir información privada en línea.

3. Competencia.

Dirigir un negocio online no es una tarea fácil debido a la feroz competencia con el mundo online. Las grandes empresas siempre vienen con promociones más efectivas, marketing y productos de menor precio que pueden quitarte el negocio. Si no se sigue la estrategia comercial adecuada, la empresa podría enfrentarse a pérdidas importantes.

4. Confía en.

El negocio online es un proceso totalmente online. No se basa en ninguna interacción humana. El proceso de ganarse la confianza de los clientes no es fácil de conseguir en este caso. Sobre todo para las pequeñas empresas que no tienen un nombre de marca fiable. Puede llevar tiempo establecer que son auténticas.

5. Satisfacción del cliente.

Es evidente que en los negocios en línea, como los sitios web de comercio electrónico, los clientes no pueden interactuar con el producto físicamente. Sin embargo, cuando se entrega el producto al cliente, no hay garantía de que quede satisfecho con el producto. Si el comprador no obtiene el producto deseado, puede devolverlo.

6. Cuestiones técnicas.

Es habitual que los sitios web experimenten tiempos de inactividad. Del mismo modo, si el sitio web de su empresa tiene problemas, los clientes podrían recibir una notificación de error. Si el error no se corrige, el problema persistirá durante varios días. Podría impedir que los clientes realicen transacciones comerciales o incluso que visiten su sitio web.

7. Asistencia al cliente.

A diferencia de un negocio tradicional, una empresa basada en Internet no puede tener interacciones cara a cara. Es un problema importante para los clientes, ya que la mayoría prefiere la comunicación directa.

Aunque algunas empresas en línea ofrecen contacto por chat, correo electrónico o servicio de atención al cliente, no es suficiente para ofrecer la calidad de servicio que supone una conversación cara a cara.

Diferencias entre el negocio electrónico y el negocio tradicional.

Los empresarios que planean lanzar el negocio de sus sueños deben tener en cuenta las diferencias entre un negocio en línea y un modelo de negocio establecido. Las diferencias no significan que uno sea superior al otro. Un modelo puede ser más utilizado para determinados tipos de servicios y productos empresariales. Algunos negocios pueden beneficiarse de una mezcla de ambos modelos.

La diferencia con respecto a los gastos generales.

La mayoría de los modelos de comercio electrónico son menos costosos en términos de gastos generales y de puesta en marcha que los modelos tradicionales de negocio que utilizan tiendas de ladrillo y mortero. La eliminación de los costes de ubicación, el personal y los servicios necesarios para las tiendas físicas ayuda a las empresas a aumentar sus beneficios. Si opta por un modelo de tienda física, también necesitará una presencia en línea. Los costes de desarrollo y marketing no se eliminan del modelo de negocio tradicional. Muchos de los últimos modelos de comercio electrónico utilizan el marketing de afiliación con grandes empresas como Amazon o empresas de envío directo como Shopify. Reduce el coste de las operaciones al eliminar por completo la necesidad de inventario.

La importancia de la comodidad para los consumidores.

El auge del comercio online ha hecho que a los minoristas tradicionales les resulte cada vez más difícil competir con los compradores que buscan una experiencia de compra sencilla. Pero hay un público de clientes que prefiere una experiencia de compra real y la posibilidad de ver los productos y probarse la ropa. Algunos consumidores también aprecian las interacciones personales que ofrecen las tiendas físicas. Unos pocos negocios pueden adaptarse a un modelo de comercio electrónico estricto. Los médicos, abogados y dentistas no pueden prestar sus servicios exclusivamente en línea.

Diferentes estrategias de marketing.

Las empresas que sólo operan en línea suelen tener un mayor presupuesto para el marketing en Internet que las empresas tradicionales. Las empresas tradicionales suelen diversificar sus estrategias de marketing para atraer a los clientes de las zonas locales y de la población en línea. Las empresas que venden en línea invierten más tiempo en blogs, redes sociales y anuncios para los motores de búsqueda. Las páginas de Facebook son ahora uno de los métodos más populares de marketing de negocios electrónicos y de reconocimiento de marca. Algunos negocios en línea dependen únicamente de campañas de marketing de bajo presupuesto o sin presupuesto, mientras que otros realizan anuncios con grandes presupuestos. Los negocios tradicionales suelen utilizar los mismos métodos en Internet, pero en ocasiones en menor medida. Las tiendas de ladrillo y cemento pueden requerir anuncios impresos, buzoneo u otros anuncios de nicho, como los anuncios en las paradas de autobús o en los vagones de las tiendas de comestibles. Los anuncios en la televisión y la radio en los mercados locales son otra forma en que las empresas tradicionales pueden llegar a nuevos clientes.

Ritmo y accesibilidad.

Las tiendas en línea están siempre disponibles, y los compradores pueden completar las transacciones en pocos minutos. El viaje de ida y vuelta a los comercios tradicionales para comprar, mirar la mercancía, hablar con los vendedores e incluso esperar en varias colas para hacer una compra consumen un tiempo valioso. Las empresas de comercio electrónico pueden vender bienes y servicios durante toda la semana, todo el día. Semana. Algunos negocios tradicionales no son accesibles las 24 horas del día, pero otros sí. Muchos establecimientos de ladrillo cierran los fines de semana, y algunos sólo abren 5 ó 6 días, siete días.

Capítulo no.8

Entender el funcionamiento de un negocio en línea.

Empezar un negocio de lencería online puede tener algunas similitudes con la gestión de una tienda física; sin embargo, hay muchas consideraciones que un minorista online debe tener en cuenta para tener éxito en el mundo del comercio electrónico. Aunque no tendrá que pagar el alquiler o las facturas de los servicios públicos ni tendrá que preocuparse de la limpieza o el mantenimiento de su tienda cuando sea un minorista exclusivamente online, tendrá que tener en cuenta cuestiones como:

- Costes de alojamiento de sitios web.
- Ciberseguridad
- Elija la plataforma adecuada para su tienda
- Realizar un marketing digital eficaz.

Es probable que el margen de beneficio de las ventas de lencería en línea difiera del margen de beneficio del mercado de la lencería al por menor, debido al ahorro de costes asociado a una empresa en línea. Sus productos deben tener un precio acorde con los precios que se ven para artículos similares en otras tiendas online. Ponerles el precio que se vendería en las tiendas físicas dará lugar a menores ventas y, en consecuencia, a menores beneficios para usted. Si estás vendiendo lencería online como un segmento separado de tu negocio de lencería en lugar de un nuevo negocio, deberías poner un precio similar a tus productos tanto online como en la tienda. Las diferencias de precios pueden ser confusas y causar revuelo entre los compradores. El proceso de comercialización de un negocio en línea es distinto al de las tiendas de ladrillo. Si tiene un negocio en línea, la mayoría o casi todas sus actividades de marketing se realizan por vía electrónica, por ejemplo, a través de las redes sociales, los anuncios de marketing de contenidos, así como su lista de correo. Conocer los conceptos de SEO y las estrategias eficaces de marketing digital es esencial para cualquier negocio en línea.

Crear una visión empresarial clara.

Antes de escribir un esquema de su negocio, desarrolle una visión elaborada de su empresa. Hágase estas preguntas, así como cualquier otra que surja naturalmente de sus respuestas:

- ¿Pienso lanzar mi línea de lencería o vender productos de otros diseñadores?
- ¿Se trata de un negocio exclusivamente en línea, o habrá establecimientos físicos de venta al por menor, como una tienda real, una cadena de tiendas o incluso tiendas pop-up?
- ¿Cuál es mi presupuesto inicial?
- ¿Quién es mi cliente ideal?
- ¿Cuáles son mis compradores ideales que ofrece actualmente el mercado online de la lencería?
- ¿Dónde puedo conseguir mis artículos?

En el proceso de planificación del negocio, empieza a hacer una lluvia de ideas de nombres para tu empresa. Después, vaya a Internet para ver si hay alguna tienda de lencería en línea existente, o cualquier otro tipo de negocio, que tenga los mismos nombres que usted está contemplando. No puedes crear una empresa en tu estado utilizando un nombre que ya esté usando una empresa registrada en el estado.

Crear el plan de negocio.

Una de las acciones importantes para iniciar una empresa de lencería es redactar un plan de negocio eficaz. El plan de negocios es un documento detallado que proporciona todo lo que el socio comercial, el propietario o el posible comprador debe saber sobre el negocio, por ejemplo:

- El lugar donde tiene su sede la empresa
- Las operaciones diarias de la empresa.
- ¿En qué se apoyará la puesta en marcha de la empresa?
- El equipo que dirige la gestión de la empresa
- La forma de constituir la empresa
- Las deudas de la empresa y los gastos previstos
- Los beneficios previstos de la empresa
- ¿Cuáles son los productos y servicios que ofrece la empresa?
- Información sobre el mercado al que se dirige.

Registre la empresa a través del Servicio de Impuestos Internos (IRS) de su estado y también con su estado. Aunque puede dirigir una empresa sin registrarla a través de su estado, del IRS y de su gobierno local si dirige el negocio como propietario único, generalmente le conviene registrar su negocio para separarse legalmente de él. Si un negocio no está registrado y no se registra, la empresa y el propietario del negocio son legalmente la misma entidad.

Cree la tienda que desea crear en línea.

El siguiente paso para iniciar un negocio online de venta de lencería es determinar exactamente qué y dónde vas a vender tus productos online. **Esta**

elección afectará al margen de rentabilidad. Las opciones para los minoristas en línea son:

- Crear una tienda en un minorista online de confianza, como Amazon o Etsy
- La creación de una tienda online se realiza a través de una plataforma online como Shopify
- Diseñar un sitio de comercio electrónico desde cero.

Crear una cuenta de vendedor en plataformas como Amazon, eBay o Etsy es el método más cómodo para abrir una tienda online de venta de lencería. Con este método, no tienes ninguna responsabilidad técnica y puedes publicar tus productos y venderlos a través de la plataforma. Las desventajas de este método son los cargos impuestos por la plataforma y la imposibilidad de personalizar tu tienda.

La creación de su sitio de comercio electrónico le da la libertad de personalizar su tienda como le gustaría que apareciera. La diferencia significativa entre Shopify o una plataforma similar Shopify y tomar con el método "desde cero" es el nivel de conocimiento técnico requerido. Con Shopify, no es necesario tener que codificar para hacer tu sitio web, y no eres responsable del alojamiento o la seguridad, ya que están cubiertos en el precio que pagas a Shopify. Sin embargo, debes asegurarte de que están cubiertos con un sitio web completamente independiente. Sin embargo, ofrecen una libertad total, y ahí no tienes que preocuparte de si vas a perder tu negocio si la plataforma de alojamiento se cae.

Promover su negocio de lencería en línea.

Si su tienda de lencería online puede considerarse una expansión de la tienda física, entonces puede asegurarse de promocionar su tienda online en su tienda física. Es posible hacerlo mediante pancartas y folletos que anuncien tu tienda online junto con la tienda. También puedes hacerlo con promociones exclusivas sólo disponibles en la tienda, como un 15% de descuento en la próxima compra de tus clientes en línea cuando gasten más de 50 dólares en la tienda. Si tienes un espacio físico, lo más probable es que el marketing digital sea la forma más eficaz de publicitar tu empresa. Si no eres lo suficientemente competente para promocionar tu negocio por tu cuenta, deberías asociarte con una empresa de marketing online para que el nombre de tu empresa y tus productos lleguen a los ojos de miles de posibles compradores.

Los riesgos del negocio electrónico.

El comercio electrónico es un tipo de negocio electrónico realizado a través de Internet. Este modelo de negocio ha crecido en popularidad desde que la tecnología ha avanzado, con ordenadores más pequeños y mejores. Hoy en día, muchos negocios funcionan únicamente a través de Internet y nunca tendrán un escaparate de ladrillo. Aunque los negocios electrónicos son fáciles de establecer y sólo requieren una pequeña inversión de capital, siguen estando expuestos a los riesgos habituales a los que se enfrentan todos los negocios.

Riesgo sistemático.

El riesgo sistemático es la amenaza a la que se expone una organización por parte de todo el mercado o segmento de mercado en el que opera. Un ejemplo clásico de riesgo sistemático en el sector del comercio electrónico es el colapso de las puntocom en 2000-2001. Muchas empresas electrónicas se fundaron con una oferta pública y luego fueron adquiridas por otras empresas en línea. La mayoría de estos negocios electrónicos no tenían suficiente flujo de caja y no podían obtener beneficios. Estas empresas se centraron en el crecimiento por encima de la estabilidad, lo que provocó el estallido de una burbuja económica insostenible que arruinó a varias empresas puntocom. Aunque este tipo de riesgo sistémico no se repetirá, la mayoría de los segmentos del mercado se encontrarán en ciclos de expansión de los negocios antes de ralentizarse y finalmente recuperarse. Los empresarios y propietarios de negocios en línea deben ser conscientes de su segmento de mercado e idear un plan para cada fase del ciclo comercial.

Riesgo de seguridad.

Los negocios electrónicos están expuestos a varios tipos de riesgos relacionados con la información de los clientes y la seguridad de los datos empresariales. Los piratas informáticos y los virus informáticos siempre intentan introducirse en los negocios en línea y hacerse con la identidad y los datos financieros de los clientes. Esto plantea riesgos de seguridad que obligan a las empresas en línea a utilizar programas y códigos de encriptación que restringen la capacidad de un extraño para penetrar en sus sistemas seguros. Los riesgos de seguridad asociados a las transacciones en línea pueden causar problemas legales a las empresas en línea, ya que deben salvaguardar la privacidad de los consumidores según las leyes federales y estatales. Cualquier fallo en el sistema de seguridad de un comercio electrónico también puede aumentar el riesgo para los seguros, ya que las compañías de seguros exigen primas más significativas para las empresas con problemas legales, en caso de que decidan aceptar el negocio electrónico como cliente.

Riesgo empresarial.

Los riesgos para los negocios son los que las empresas afrontan cuando realizan actividades comerciales a diario. Incluyen el coste del inventario, la mano de obra, los gastos generales o los problemas de la cadena de suministro. La mayoría de los negocios en línea no tienen almacenes masivos ni ubicaciones físicas y deben depender de una cadena de suministro para transportar los productos a los clientes. Si una empresa debe depender de otras empresas para distribuir los productos, el riesgo puede aumentar. El riesgo empresarial también aumenta cuando una empresa en línea no puede comprar y hacer llegar su inventario a través de las cadenas de suministro de forma rápida y eficaz.

Preguntas para los empresarios.

Empezar tu viaje empresarial para "ser tu jefe" es una perspectiva emocionante. Junto a toda tu investigación, asegúrate de investigar con respecto a tu situación y al trabajo en el que estás.

Algunas preguntas para hacerse.

- ¿Tengo el carácter o el temperamento para enfrentarme al mundo según mis condiciones?
- ¿Tengo el ambiente y los recursos necesarios para dedicar toda mi energía a mi negocio?
- ¿Tengo un plan de salida con un calendario claro si mi empresa no funciona?
- ¿Soy capaz de crear un plan claro para el próximo "x" periodo de tiempo? ¿O me encontraré con dificultades a mitad de camino debido a compromisos financieros, familiares o de otro tipo? ¿Tengo un plan de acción o un plan de mitigación para hacer frente a esos obstáculos?
- ¿Tengo la red para obtener asistencia y orientación cuando sea necesario?

- ¿Soy capaz de identificar puentes construidos con mentores con experiencia para obtener información de su experiencia?
- ¿He completado el borrador de un análisis de riesgos completo, incluyendo la dependencia de variables externas?
- ¿He considerado el valor de mi oferta y cómo se puede colocar en el mercado?
- Si mi producto sustituye a un artículo ya existente en el mercado, ¿cuál será la reacción de mis competidores?
- Para proteger mi oferta, ¿es sensato obtener una patente? ¿Tengo la capacidad de dedicar el tiempo necesario?
- ¿Tengo una idea clara de mis principales clientes para la fase inicial? ¿Tengo preparados planes de escalabilidad para expandirme a mercados más grandes?
- ¿He identificado las vías de venta y distribución?

Preguntas que van más allá de los factores externos:

- ¿Cumple mi empresa con las leyes y normativas locales? Si no es viable a nivel local, ¿podría y debería trasladarme a otra zona?
- ¿Cuál es el plazo para obtener el permiso o la autorización requerida por las autoridades competentes? ¿Seré capaz de tener la resistencia necesaria para aguantar este tiempo?
- ¿Tengo un plan para adquirir el personal y los recursos? ¿Tengo en cuenta los costes para ello?

- ¿Cuáles son los plazos para sacar el prototipo al mercado o para que los servicios sean operativos?
- ¿Quiénes son mis principales clientes?
- ¿Cuáles son las fuentes de financiación con las que podría tener que hablar para que esto tenga éxito? ¿Tiene mi idea suficiente mérito para atraer la atención de posibles inversores?
- ¿Cuál es la infraestructura técnica que necesito?
- Una vez establecida la empresa, ¿tendré el dinero necesario para pasar a la siguiente fase? ¿Es probable que otras empresas importantes tomen mi idea y destruyan mi empresa?

Conclusión:

Según la definición de Merriam-Webster de empresario, es "el que planifica y gestiona el riesgo de dirigir una empresa o negocio". A menudo tienen que asumir más riesgos que el típico empresario y pueden obtener mayores recompensas. Los economistas reconocen el espíritu empresarial como un recurso vital para la producción. Los empresarios utilizan la tierra, el trabajo y el capital para contribuir a la economía proporcionando productos y servicios. Los emprendedores crean un esquema del plan de negocio para la mayoría de los nuevos proyectos, que detalla los recursos necesarios para contratar, financiar y la dirección de la nueva empresa. La financiación de capital suele ser difícil para los emprendedores que acaban de iniciar sus empresas, por lo que suelen empezar con poco dinero e invertir sus fondos en el proyecto. Algunos empresarios lanzan proyectos de forma independiente y asumen la relación riesgo-recompensa sin ayuda. Otros, sin embargo, buscan asociaciones. Con las ventajas de contar con más recursos financieros y créditos, las empresas tienden a expandirse más rápidamente y a alcanzar un gran éxito.

No es necesario dirigir toda la empresa en Internet para aprovechar las oportunidades de negocio en línea. Las empresas de pequeña escala sólo necesitan una dirección de correo electrónico para comunicarse con sus clientes y proveedores por este medio. Algunas empresas también pueden utilizar su sitio web para todas sus operaciones en línea. Las numerosas ventajas de los negocios en línea incluyen:

- acceso en todo el mundo, todo el día, los siete días
- mejor servicio al cliente al ofrecer más flexibilidad
- ahorro de costes
- mayor rapidez en la entrega de mercancías
- mayor profesionalidad
- menos residuos de papel
- posibilidad de gestionar el negocio que desee desde cualquier lugar del mundo.

Es posible que los clientes decidan visitar su sitio web para obtener más información sobre sus ofertas y servicios en lugar de visitarle en persona. También deberían buscar la dirección de su sitio web y su dirección de correo electrónico en las tarjetas de visita y otro material promocional. **Los empresarios son los que crean los puestos de trabajo que son las empresas diseñan cada producto o servicio que utilizamos habitualmente.**

Serie: Riqueza 2022.
1. Emprendimiento en línea.
2. Empezar tu propio negocio
3. Gestión de la riqueza
4. Ingresos pasivos.

www.ingramcontent.com/pod-product-compliance
Lightning Source LLC
Chambersburg PA
CBHW070246220526
45465CB00004B/1540